LA TAPISSERIE

DE

LA CHASTE SUSANNE

NOTICE HISTORIQUE ET CRITIQUE

PAR

Jules GUIFFREY

AVEC UNE INTRODUCTION

PAR

Paul MANTZ

ACCOMPAGNÉE DE QUATRE PLANCHES EN PHOTOGRAVURE

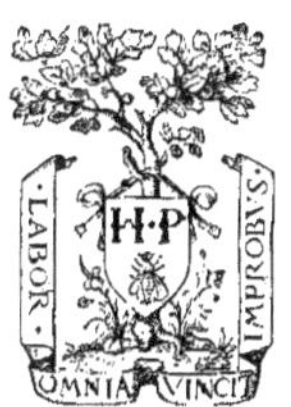

PARIS

M DCCC LXXXVII

LA TAPISSERIE

DE

LA CHASTE SUSANNE

PARIS. — TYPOGRAPHIE DE E. PLON, NOURRIT ET Cⁱᵉ, RUE GARANCIÈRE, 8.

LA TAPISSERIE

DE

NOTICE HISTORIQUE ET CRITIQUE

PAR

AVEC UNE INTRODUCTION

PAR

ACCOMPAGNÉE DE QUATRE PLANCHES EN PHOTOGRAVURE

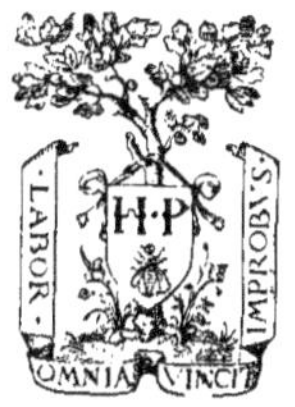

M DCCC LXXXVII

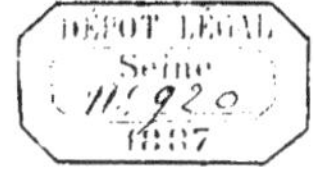

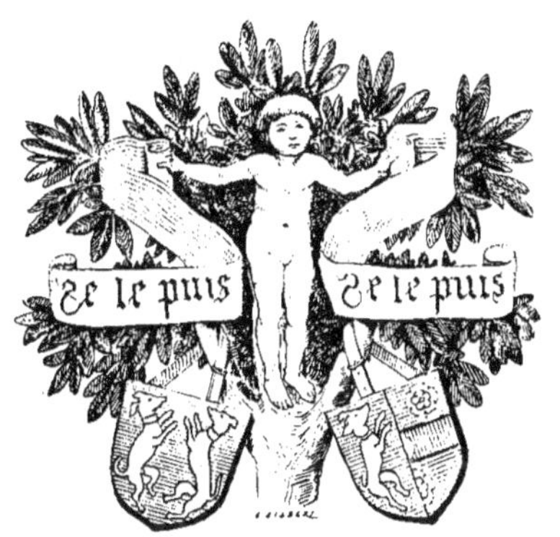

FAC-SIMILE DES ARMOIRIES DE LA TAPISSERIE DE SUSANNE.

INTRODUCTION

Ma première pensée en commençant ces pages est de rendre
hommage à une mémoire vénérée. C'est à l'homme éminent qui
avait réuni de son vivant tant de chefs-d'œuvre·de tous les styles
et de tous les genres, que je dois la possession de la tenture remarquable dont le sujet, tiré de la Bible, représente les divers épisodes
de la touchante *légende de Susanne, la chaste épouse.* M. Jules Marmottan[1], receveur général de la Gironde, était un connaisseur de
haut mérite en tableaux et tapisseries appartenant plus spécialement aux quinzième et seizième siècles. Doué d'un goût très-pur
et d'un savoir que sa modestie cachait, il se contentait d'enrichir,
sans fracas et chaque année, d'objets de choix, une collection
qu'il affectionnait pour l'avoir formée de ses mains, et qui demeu-
rait toujours son principal sujet de distraction dès qu'il pouvait
ravir, sans inconvénient, quelques heures au travail. Ayant lu
et vu beaucoup, vivant d'ailleurs chez lui dans une atmosphère
tout artistique, il avait acquis avec l'âge une grande pratique du
vrai beau. Nature d'élite, simple, affable pour tous, il alliait au
maniement des hommes et des affaires une finesse d'observation
et une intuition rare des choses d'art. Arrivé à l'automne de la

[1] Né à Valenciennes en 1829, reçu avocat en 1852, à Paris, se tourna vers les affaires indus-
trielles et financières. Économiste distingué, membre du jury de l'Exposition universelle de 1878,
receveur général à Bordeaux, officier de la Légion d'honneur, etc., etc.

vie, sentant se rapprocher le moment où il considérait sa tâche comme accomplie, il songeait quelque peu déjà à une retraite toute livrée au culte délicat des antiquités; il profitait de ses derniers voyages pour recueillir les objets les plus précieux, et leur préparait une place digne d'eux. Hélas! ce repos si mérité ne lui fut pas accordé, car une mort rapide l'enlevait à l'affection de ses nombreux amis en mars 1883. Il était réservé au fils d'accomplir ce que le père n'avait pu réaliser, et d'associer ainsi dans le culte de ces objets l'amour de celui qui les comprenait si bien.

Recherchant spécialement les œuvres des peintres primitifs du quinzième siècle et du début de la Renaissance, — ayant principalement porté ses investigations vers les écoles flamande et allemande, surtout sur l'école de Cologne, dont il s'était occupé pendant vingt ans, — M. Jules Marmottan aimait aussi à s'entourer de tapisseries de cette période si marquante dans l'histoire de l'art. N'étaient-ce pas aussi, à la matière près, d'admirables tableaux que ces tentures à sujets, datant du quinzième siècle, et donnant dans leur ensemble et leurs détails la vision complète d'une époque, avec ses ardeurs de lutte et ses préjugés, ses adorations chrétiennes et son génie délicat et profond? Les mêmes auteurs des peintures sur panneaux, devenues si rares, n'étaient-ils pas aussi les dessinateurs et les barbouilleurs des cartons pour les tapisseries? Et l'art textile dans les Flandres, où il était né, était alors si florissant que les princes de l'Italie y venaient débaucher à prix d'or des hauts lisseurs, comme le fera la France un siècle et demi plus tard.

Sous l'influence des maîtres de Bruges, où siégeait la grande école de peinture, on voit sortir d'une importante fabrique de tapisseries, fondée par Philippe le Bon, zélé protecteur des arts, nombre de suites remarquables, dont la plupart des sujets sont tirés de l'Ancien et du Nouveau Testament. C'est à Bruges notamment que ce duc de Bourgogne faisait exécuter les cartons de Rogier, son peintre habituel. S'adonnant à l'étude des livres saints, dont leur piété les rendait à même de saisir la poésie, les premiers maîtres d'alors tâchaient de s'élever dans leurs compositions à la hauteur du sentiment, tantôt douloureux, tantôt extatique, qui s'en dégage : leurs âmes, trempées de mysticisme et tout imprégnées de dévotion, semblaient se détacher de la terre et planer dans un monde de saints et de bienheureux : les figures chastes et d'une pensée si recueillie dont ils ont orné leurs tableaux, démontrent péremptoirement tout le pouvoir qu'exerçait sur eux l'étude de l'Apocalypse, à laquelle les poussaient, par leurs commandes, les ducs, les riches bourgeois et les nombreuses abbayes. Leurs esprits sérieux entretenus dans ces édifiantes idées, considéraient dès lors la religion comme la plus haute conception humaine, et cherchaient dans l'art chrétien un moyen de se rapprocher de Dieu. — De pareils maîtres étaient à la fois des créateurs et des précurseurs : créateurs, parce qu'avant eux, et même depuis, jamais l'expression des grâces de la figure n'a été poussée si loin ni rendue avec plus de profondeur; précurseurs, car ils amenaient la magnifique renaissance du seizième siècle, léguée par les Flandres à l'Italie, et dont Francia, le Pérugin, le peintre d'Urbin, Jules Romain, devaient être les plus hautes personnifications.

Toutefois, non moins préoccupés de marquer leurs œuvres d'un cachet leur appartenant, les peintres flamands savaient rajeunir les épisodes de l'Écriture par des moyens décoratifs qui restent nos modèles. Soit qu'ils habillassent leurs personnages de tuniques et de pourpoints à la plus pure mode de leur temps, soit qu'ils ornassent leurs têtes de chaperons ou qu'ils revêtissent leurs attributs, joyaux, meubles ou portiques, d'une richesse ornementale pleine de goût, ils croyaient n'avoir pas assez fait pour intéresser nos yeux et donnaient très-souvent encore aux figures les traits mêmes des grands seigneurs contemporains, leurs protecteurs ou simplement leurs amis ou parents. On faisait une seule exception pour Jésus, qui paraissait toujours avec les vêtements de Judée. Aussi, à côté du fond religieux des légendes, est-ce, comme nous le disions plus haut, le tableau d'une époque entière que nous apportent ces suites célèbres de tapisseries au milieu desquelles l'*Histoire de Susanne* prend dès aujourd'hui sa place.

A la qualité du faire, éternel sujet d'étonnement, si l'on reporte sa pensée à ces époques reculées, s'ajoutent les attraits du plus admiré des styles. Dès lors, quels vivants documents pour la méditation que ces grands tableaux en tapisserie du début de la Renaissance! Quels plus touchants poëmes écrits par la main des hommes! L'histoire s'en enrichit au fur et à mesure. Grâce aux recherches d'érudits dévoués, tant sur leurs auteurs de génie que sur les admirables ouvriers, leurs traducteurs, nos annales ont recueilli partout dans les archives locales les détails les plus minutieux : venant corroborer le dépouillement des manuscrits, des tentures importantes appartenant à des musées, à des églises, à des palais ou à des administrations, sont de jour en jour mises en lumière, examinées, décrites, et constituent par surcroît d'éloquentes pièces à l'appui. Il en reste peut-être encore un certain nombre qui sont ignorées, pour avoir été cachées longtemps dans les familles, en province notamment, et qui mériteraient sans doute d'être connues. Parmi ces pièces curieuses, l'*Histoire de Susanne*, encore inaperçue hier, occupe sans conteste un rang très-distingué, et pour ce motif a droit aux honneurs d'une description particulière. L'auteur de l'Histoire la plus populaire de la Tapisserie, M. Jules Guiffrey, qui s'est attaché avec une passion si sincère à éclaircir la période du moyen âge, a bien voulu déjà consacrer à l'*Histoire de Susanne* une notice dans le *Bulletin du Comité d'archéologie*, publié par le Ministère de l'instruction publique et des beaux-arts. Il a bien voulu en outre l'étendre davantage pour cet opuscule, destiné à servir de contribution à l'histoire; qu'il nous permette ici même de lui offrir nos meilleurs remercîments.

La tapisserie de la chaste Susanne se compose de plusieurs panneaux séparés par des piliers à arceaux, qu'interrompent sur le dessus de chacun d'eux des légendes composées de sixains en vieux français, d'une naïveté égale à celle des figures. Laissant à M. Guiffrey le soin d'approfondir la description de chaque sujet et la technique du produit, des sixains et de tous les points d'analogie reconnus avec d'autres pièces de la même époque, nous apporterons seulement au lecteur des renseignements relatifs à la découverte desdites tentures, ou du moins ce qui en est connu. Nous appuyant sur l'opinion de M. Jules

Marmottan, nous dirons aussi, à titre de complément d'instruction, à quelle attribution il les donnait, et nous mêlerons çà et là quelques observations personnelles, puisées dans la méditation des merveilles des peintres primitifs ayant fait le voyage d'Italie au quinzième siècle et pouvant être compris, par la seconde partie de leur œuvre s'entend, parmi les artistes de la Renaissance.

C'est pour aider à fixer les points les plus douteux et pour apporter un document aux curieux d'art et aux écrivains spéciaux, si heureux à juste titre de trouver des renseignements nouveaux et des indications d'amateurs, que nous publions cette étude.

D'après les traditions provenant de sa famille, M. de Juigné, — un des précédents possesseurs de cette suite, décédé il y a plusieurs années, — avait découvert l'*Histoire de Susanne* à Dijon, dans cette Bourgogne ducale jadis si riche en joyaux et sur laquelle les Flandres suzeraines jetèrent durant plusieurs siècles un éclat incomparable. Dijon, comme pour attester ces souvenirs brillants, ne montre-t-il pas fièrement de cette période, devant une des flèches de sa cathédrale, l'horloge si curieuse prise à Courtrai en 1383 par Philippe le Hardi; et d'une date un peu plus récente, mais toujours sous ses ducs, la même ville ne conserve-t-elle pas une fameuse tenture flamande du quinzième siècle représentant un de ses siéges antérieurs? Beaune n'abrite-t-il pas dans son hospice gothique, construit par Rollin, chancelier de Philippe le Bon, un des plus célèbres triptyques de Roger Van der Weyden;

et Sens, pour arrêter là nos citations, ces merveilleuses tapisseries du trésor de sa cathédrale, qu'un rapprochement singulier avec de précieux panneaux primitifs nous fait ranger
parmi les œuvres du divin Roger Van der Weyden? Les ducs
de Bourgogne comptèrent dans leur nombre des protecteurs éclai-
rés des arts. Leurs multiples commandes de tapisseries dans les
Flandres ne sont qu'une des formes de leur magnificence. Charles
le Téméraire éclipsait à son époque les rois de l'Europe et tenait
la cour la plus fastueuse. Il est vraisemblable que l'*Histoire de
Susanne*, si elle n'a pas quitté la Bourgogne, à en juger par le
style général qui, tout en se ressentant de l'époque précédente,
offre cependant un caractère Renaissance assez accusé, est une
tapisserie commandée à la fin du quinzième siècle par quelque
seigneur de la cour d'un des ducs de Bourgogne ou par un des ducs
lui-même pour en faire un cadeau. Son attribution à ladite période
était celle de M. Jules Marmottan. Cette fin du quinzième siècle à
laquelle nous rapportons volontiers l'*Histoire de Susanne* était
encore marquée dans ses œuvres d'art par un cachet partiellement
gothique. La transition de l'art gothique à la Renaissance y laisse
des traces. Il est visible, par exemple, dans notre tapisserie que si
les costumes se rapprochent du règne de Louis XII, les attitudes et
les physionomies de maint personnage reflètent par plusieurs
côtés une époque qui s'achève. On retrouve dans les airs de tête
l'humilité et ce profond sentiment de mysticité chrétienne qu'ont
su si bien atteindre les grands artistes d'alors, et certaines positions
de mains, certains gestes naïfs, joints à d'autres détails comme
les cassures anguleuses des étoffes, les entourages de fleurs, traits

habituels aux précieux flamands, accusent aux yeux du connaisseur la conception d'un primitif dont la manière subit les influences de la Renaissance. Cette union de deux caractères également délicieux ajoute encore à la curiosité de l'œuvre.

Peut-on voir en outre dans notre suite de *Susanne* la tenture décorant l'ancien château de Blois au début du seizième siècle, à l'époque où y mourut cette poétique Anne de Bretagne un instant recherchée par Maximilien d'Autriche, héritier d'une partie de la Bourgogne, mais qui, après avoir été la femme de Charles VIII, devint celle de son successeur Louis XII? M. Guiffrey nous a signalé l'existence de cette tapisserie, et si, à la suite des guerres ou des révolutions, cette pièce remarquable a été soustraite à Blois, elle a pu, divisée en plusieurs panneaux comme elle l'est, passer facilement de main en main et gagner la Bourgogne, pays parallèlement voisin.

Une transmission de ce genre peut paraître d'autant plus vraisemblable que les sujets, au nombre de huit, mais alors en cinq pièces séparées, n'étaient pas gênants à dissimuler. Et n'est-il pas permis de puiser dans l'opinion même de M. Guiffrey, qui suppute qu'un des sujets manque, celui d'une conclusion, cette considération en faveur de notre hypothèse, si gratuite ou si aventureuse qu'elle paraisse, qu'un des sujets aura été soustrait à travers les vicissitudes subies par lesdites tapisseries? On ne prendra de cette conjecture que ce que l'on voudra : nous ne la risquons qu'à titre d'aperçu, pour épuiser les points de repère, n'ayant nullement la prétention de conclure à un fait qui, pour n'être pas improbable, repose cependant sur des données d'induction historique con-

troversable. Mais si l'on sait qu'une suite de *Susanne* de la
même époque a décoré les appartements d'Anne de Bretagne, on
ignore ce qu'elle est devenue depuis sa disparition : l'archéologie
demeure muette sur ce point, tandis que notre tenture par sa
beauté est de tout point digne d'une reine dont les artistes les
plus raffinés de la Renaissance étaient les illustres clients[1]. —
Voilà donc tout ce qu'on pourrait induire de nos tapisseries en-
visagées au point de vue strict d'une provenance bourguignonne.
Flamandes par l'origine, — les types des figures et le style général
ne permettent pas de doute sur ce point, — bourguignonnes ou du
moins supposées telles par destination, il restera à retrouver le nom
de leurs anciens propriétaires, s'il se peut, et leur lieu d'origine.
Puisse la publicité donnée à la présente étude nous aider à recueillir un jour des renseignements concluants à cet égard ! Mais voyons
tout d'abord comment les tapisseries ont été découvertes dans le
département de la Somme en 1878.

Des mains du comte de Juigné, elles passèrent par héritage à
son gendre, M. le vicomte de Damas, neveu du comte d'Hautefort, décédé dans son domaine de Champien (Somme) en juil-
let 1877. Lorsque le comte d'Hautefort, qui était le dernier de sa
race, mourut, ses héritiers, parmi lesquels se trouvait le propriétaire des tapisseries, songèrent à faire une vente générale
du mobilier du château, et c'est en 1878, année de la licitation,
que l'*Histoire de Susanne* fut amenée à Champien pour figurer

[1] Au moment de mettre sous presse, M. Guiffrey vient de découvrir, comme on le lira dans sa
notice, que la suite de *Susanne* d'Anne de Bretagne n'avait que cinq pièces. L'hypothèse se présente donc avec une sérieuse vraisemblance.

au milieu des objets d'art de feu le comte d'Hautefort. La vente du mobilier de Champien mérite un souvenir en passant, vu le caractère historique de cette belle demeure et l'originalité des objets précieux qu'elle renfermait. Aussi ferons-nous un instant digression à notre sujet.

Champien était une terre érigée en fief dès Charles IX, au profit d'un Hautefort qui y avait droit de justice : ses archives contenaient la collection de tous les jugements rendus. Le château proprement dit, qu'un spéculateur a acheté et dépecé jusque dans ses moindres matériaux, révèle dans sa construction le goût de Mansard, et ses jardins, dont il ne reste plus un arbre depuis quelques années, annonçaient le style de Le Nôtre. Construit à la fin du règne de Louis XIV et successivement agrandi par Emmanuel-Dieudonné, marquis d'Hautefort, qui devint ambassadeur de Louis XV à la cour de Vienne, Champien fut habité par les descendants de ce grand seigneur, alliés pour la plupart à des maisons aristocratiques. — Champien offrait encore en 1878 le type complet d'une résidence d'été d'une famille noble au début du dix-huitième siècle. Le nombre de ces anciennes demeures est assez restreint aujourd'hui. Un riche mobilier, datant de l'époque de Louis XIV et de Louis XV, en garnissait le vaste intérieur.

Le dernier comte Alphonse d'Hautefort, célibataire, était décédé en 1877, à l'âge de quatre-vingt-dix-neuf ans. Très-jeune au moment de la Terreur, il avait vu arrêter ses père et mère à Paris dans l'hôtel de famille situé rue du Roi-de-Sicile, et avait été recueilli par un vieux serviteur en province, où il avait passé le reste de sa jeunesse. Champien avait été relativement respecté sous

la Révolution, car si l'on excepte certaine descente au château, de
Gracchus Babeuf, venu de Roye, sa ville natale, sise près de là, et
ayant marqué sa visite par un auto-da-fé de livres précieux pris à la
bibliothèque et de tableaux, les autres objets mobiliers avaient été
épargnés, et le jeune comte après Thermidor put reprendre possession du domaine de ses pères, sans avoir à déplorer des dommages
irréparables. N'ayant plus quitté depuis lors Champien jusqu'à la
fin de sa vie et n'y ayant fait aucun changement, le spectacle que
présentait son habitation en 1878 était chose rare. Les marchands
attirés par le bruit de la vente et quelques amateurs intrépides
venus dans ce pays perdu pour juger des pièces exposées, retrouvè-
rent à leur place marquée dès l'origine les meubles mêmes des
ancêtres du dernier comte : ici la salle de billard, ornée de cuirs
de Cordoue et d'un billard massif énorme datant de Louis XIV ; là,
le grand salon avec ses boiseries finement fouillées et ses dessus de
porte par Boucher ; plus loin, une série de portraits de famille,
œuvre des De Troy et des Vanloo ; partout des siéges sculptés et
ornés de belles tapisseries ; là encore une bibliothèque remplie
de vieux ouvrages et de manuscrits inédits, tels que ceux du
maréchal d'Humières, ancêtre de la famille ; ailleurs, une collection rarissime d'instruments de musique, près d'une salle de
chasse ornée de têtes de cerfs tués depuis près de deux siècles.
Cet intérieur de château, merveille dans le genre, avait pour cadre
un rideau de bois et d'arbres centenaires. Champien apparaissait à
l'œil artiste comme la demeure d'une Belle au bois dormant : le
tout n'était qu'empoussiéré et reposait en silence. — C'est dans ce
château, si curieux encore en 1878, que l'*Histoire de Susanne* avait

donc été amenée pour être vendue. — L'endroit était poétique, on en conviendra, le milieu éloquent.

Une nuée de marchands d'antiquités, venus de Paris, d'Amiens, de Compiègne et de Lille, s'abattit donc sur Roye en Santerre, le chef-lieu de canton voisin, et fit ses délices, — pendant les quatre jours de vente, — des dépouilles de ce manoir.

Au milieu de l'amoncellement d'objets, les diverses parties de la tenture de *Susanne* traînaient çà et là, qui sur le billard, qui sur le plancher, et paraissaient peu favorablement, dissimulées qu'elles étaient au milieu des gros meubles. Néanmoins quelques fureteurs les avaient distinguées. L'attention générale avait été surtout accaparée par le mobilier, et les marchands étaient trop absorbés par lui pour prêter toute l'attention voulue aux tentures qui, d'ailleurs, venaient les dernières dans l'ordre des vacations. Pourvus tous largement de mobilier, y ayant beaucoup dépensé, le plus grand nombre partit, laissant les tapisseries aux plus patients ou aux plus avisés. Ceux-ci les achetèrent, et, à la révision entre eux, ce fut un marchand bien connu dans la région du Nord, M. Guilmain Bracq, de Cambrai, qui, en offrant une somme sérieuse, les acquit et les emporta précieusement.

A quelque temps de là, mon père, passant à Cambrai, entendit parler de tentures remarquables, qu'on disait gothiques, appartenant à M. Guilmain. Conduit par l'ami qui les lui avait signalées, il se rendit chez l'antiquaire, où le marché fut vite conclu. Avec son coup d'œil de fin connaisseur, M. Jules Marmottan avait jugé la valeur de ces pièces ; je me rappelle encore toute sa joie lorsqu'il m'eut annoncé sa découverte. Et de fait, cette suite était hors ligne, par son ancienneté, ses couleurs et la beauté de sa composition. — Si quelques effilages existaient çà et là, une main habile pouvait les réparer; et l'on sait qu'ils sont inévitables dans des morceaux aussi vénérables. Transportées à Paris, et confiées à M. Colin, chef de l'atelier de haute lisse aux Gobelins, qui se chargea de les faire consolider et coudre en deux parties à peu près d'égale longueur, lesdites tapisseries forment aujourd'hui deux tentures de 2ᵐ,75 de hauteur sur une largeur pour chacun des sujets variant de 1ᵐ,80 à 3ᵐ,40.

En 1881, elles partaient pour Bordeaux et prenaient place dans les salons de la Recette générale. On les y photographia, et c'est d'après les épreuves que l'habile M. Michelet a exécuté les clichés placés dans le cours de la notice. Tous les amateurs qui les ont vues à Bordeaux se rappellent certainement le grand air qu'elles donnaient aux salons de l'hôtel de la Trésorerie, par la poésie inimitable des figures et le groupement décoratif des scènes. Les réminiscences gothiques qu'on trouve dans leurs sujets, reflet du style de l'école de Bruges, ne font qu'ajouter au charme qu'elles inspirent par leur grâce et leur richesse générale de composition toute Renaissance, nous aimons à le répéter.

Les figures respirent bien le sentiment qu'elles doivent accuser, par exemple le recueillement angélique de la chasteté outragée, dans celle de Susanne, l'astuce et la passion dans les traits des vieillards : on retrouve dans maint autre visage, exprimé à ce haut degré d'idéalisme chrétien que l'école de Cologne projeta sur les Flandres, le sens profond des diverses commotions de l'âme humaine comme un esprit instruit et un cœur ardent en piété la concevaient à cette époque de foi vive. Ses attributs sont d'une ornementation élégante et délicate; les fonds très-finis de paysage et les tourelles dans les lointains du compartiment du lévrier ajoutent à l'illusion que nous donnent les compositions d'un élève de Van Eyck. Mon père, à qui la connaissance des peintres primitifs était familière, *en attribuait les dessins à Roger Van der Weyden.* On sait, en effet, que ce célèbre successeur de Van Eyck fit beaucoup de cartons pour les tapisseries de Bruges et de Bruxelles : il mourut à soixante-trois ans, en 1464[1], et son influence sur l'art en général dans toute l'Europe et sur la fabrication des tapisseries en particulier, due à son talent de peintre renommé, fut très-puissante. Plusieurs tapisseries qu'on voit à Berne et à Madrid ont été exécutées d'après ses cartons.

M. Jules Marmottan, dans des notes manuscrites que nous avons compulsées, résume ainsi son opinion : « Les tapisseries anciennes de Madrid et de Rome sont attribuées à Van Eyck, *mais beaucoup, comme celle de Reims, le sacre de Charles VII, et celle de Nancy, sont évidemment du temps de Van der Weyden, soit de lui, soit de ses élèves, entre 1475 et 1500.* Seulement les nombreux rapports des Flandres avec l'Italie, l'Espagne et la France eurent une grande influence sur les tapisseries, qui passèrent de l'art gothique à la Renaissance. Nous trouvons cette influence caractérisée dans la suite de *Susanne.* Charles-Quint fit beaucoup travailler pour sa femme et pour lui, et les produits de Bruxelles se répandirent

---

[1] Cette date est empruntée à M. l'abbé Dehaisne et à M. Wauters.

en Espagne, en Italie et en France. De Pannemaker, vers 1546, fit la *Conquête de Tunis*, par Charles-Quint, en douze pièces. Albert Durer fit l'*Histoire de l'Apocalypse*, en huit tableaux, qui furent reproduits en haute lisse[1]. On les voit à Madrid. Van Orley dessina les cartons des douze mois de l'année, dont les tapisseries sont au Louvre. »

Du reste, de tout temps, les peintres célèbres ont fait des modèles pour les hauts lisseurs : Van der Meulen, Lebrun, sous Louis XIV, les Vanloo, de Troy, Oudry, Lagrenée, etc., sous Louis XV et Louis XVI; Mulard et Gros sous l'Empire, etc., etc... De ce que les archives des temps lointains ne portent pas en termes exprès que certaines tapisseries gothiques ou du début de la Renaissance ignorées jusqu'ici, mais considérables par leur beauté et la similitude relative de manière avec les maîtres primitifs, n'ont pas été exécutées d'après les Van Eyck et les Van der Weyden, peut-on conclure que ces maîtres n'ont dessiné de cartons pour les fabriques alors si florissantes, — dont plusieurs même étaient établies à la porte de leurs demeures, — que pour les tentures dont un texte heureusement sauvé nous a conservé l'historique? La vue de l'œuvre elle-même, lorsqu'elle est hors ligne et qu'elle se rapproche de la manière d'un peintre connu, ne constitue-t-elle pas un document ouvrant les perspectives d'une attribution? On peut bien accorder dès lors à un amateur émérite une opinion d'assimilation ayant quelque valeur. Nous défendons cette opinion d'at-

[1] A l'époque où mon père écrivait ces lignes, la connaissance générale des tapisseries n'avait pas été aussi approfondie qu'elle l'est aujourd'hui, et l'attribution du sujet de l'*Apocalypse* à Albert Durer était acquise.

tribution, ayant été à même de discerner avec tous les artistes qui l'ont approché, la rare connaissance de **M. Jules Marmottan** en tapisseries.

L'esprit de solidarité des corporations au moyen âge, dans des villes où chacun se connaissait et s'estimait, est encore une preuve que les tapissiers s'appuyaient alors plus que jamais sur les travaux des maîtres renommés et de leurs élèves, et ce n'est pas une minime raison, à cette époque, en faveur du grand mouvement artistique qui en découla, que cette solidarité et cette puissance des corporations d'artistes, unis dans un même sentiment de grandeur pour leur patrie, encouragés merveilleusement par les commandes des ducs et des souverains. On peut donc affirmer sans crainte toute l'influence exercée par l'école de Bruges et sur les tapisseries gothiques et sur celles de la Renaissance à son aurore.

Parmi les célèbres fabriques de haute et basse lisse du quinzième siècle, on cite celle d'Arras, florissante de 1350 à 1477 ; celle de Tournai, prospère en 1500, et celles de Bruges, de Tournai, de Bruxelles, etc. En 1450, il y a des règlements pour les fabriques de tapisseries à Bruxelles. La suite de *Susanne* doit être postérieure à la chute des ateliers d'Arras arrivée en 1477 ; mon père avait pensé, dans la première joie de sa trouvaille, l'attribuer à cette dernière fabrique, encouragé sans doute ou par l'idée que ces tentures n'étaient pas d'un tissage assez fin pour être de Bruges, la métropole des arts, ou par l'intuition qu'elles n'avaient pas quitté la Picardie, d'où on venait de les exhumer, si intactes pour leur âge et qu'on affirmait sortir du château de Chaulnes! fait entièrement controuvé. Après avoir vu les tentures de Reims et celle de Nancy, il reconnut bientôt que sa suite était d'une fabrication flamande postérieure.

La notice va d'ailleurs préciser et, si besoin est, rectifier ces points divers avec autorité : les développements qu'elle y consacre satisferont à coup sûr. Il reste un point obscur pour lequel toutes les recherches des personnes compétentes sont malheureusement restées vaines. Ce problème, qui nous a fort intrigué, est la découverte de la famille pour laquelle l'*Histoire de Susanne* a été composée, et qui, selon toute vraisemblance, doit être celle dont les armoiries sont reproduites trois fois sur les tentures. On en trouvera le dessin en tête de cette étude.

Mon père donc attribuait avec plus de fondement l'*Histoire de Susanne* à la fabrication de Bruges ou de la région et aimait à la comparer à la tapisserie de Nancy, *la Condampnation de Souper et Banquet,* ayant appartenu à Charles le Téméraire et qu'on voit au Musée lorrain. « Cette tenture, écrivait-il encore, a beaucoup de rapports avec la suite de *Susanne*. On voit également, placés au-dessus des personnages, des quatrains de vieux français; l'histoire finit par la conclusion de toute la moralité ; *les cartouches et certains types de figures sont les mêmes :* elles sont du style gothique fleuri et flamboyant, *on y voit le même lévrier.* »

Il avait recueilli aussi des notes plus sommaires sur les toiles peintes de l'hospice de Reims et sur les tapisseries de la cathédrale de cette ville, comme, par exemple, les noms du maître d'hôtel de Joachim, Adrascus; et celui du valet, Célion. Les mêmes personnages qu'à Reims figurent ici : nous retrouvons les deux vieillards, sainte Susanne, Joachim, son époux, leur fils aîné, leur fils cadet, la première et la deuxième demoiselle de Susanne, le prophète Daniel, le premier et le second Juif, le peuple, les soldats. Mais on va bientôt lire de chacune des scènes une description détaillée.

Si les tapisseries de la cathédrale de Reims, qui représentent des scènes de l'Ancien Testament, peuvent soutenir un rapprochement avec la suite de *Susanne* quant au style et quant à l'époque, elles leur demeurent à notre sens inférieures surtout pour la beauté des figures. Il éclate que les cartons des pièces de cette cathédrale sont d'un élève plutôt que d'un maître. Parmi les tapisseries qui, avec celle de Charles le Téméraire du Musée lorrain, ont encore une parenté avec la suite de *Susanne*, nous en ajouterons deux qui lui sont contemporaines, l'une au Musée de Berne, l'autre, le *Siége de Dijon*, conservée au Musée de cette dernière ville : ces pièces sont plus ou moins remarquables par la similitude des figures et de la facture générale.

Une dernière analogie nous a frappé entre l'*Histoire de Susanne* et une tenture célèbre de la fin du quinzième siècle, conservée au Musée de Valenciennes et connue arbitrairement, par la seule influence de l'usage, sous le nom de « Tapisserie de *Valenciennes* » (¹). Ladite pièce, représentant un tournoi de chevaliers devant une cour de personnages où se distingue un seigneur qui ressemble singulièrement à Philippe le Bon, est d'une finesse de tissage supérieure à celle de *Susanne* et aussi d'une plus grande richesse, par ses fils d'or entremêlés. En l'examinant attentivement, nous avons retrouvé en elle le grain serré, identiquement le même que celui de Bruxelles, comme nous l'offrent des tentures à nous familières un peu postérieures, et portant le monogramme de cette ville. Nous saisissons l'occasion pour présenter cette rectification aux historiens, qui la plupart ne se sont pas dérangés pour aller voir ce fameux tournoi et n'ont fait que se répéter les uns les autres. Mais l'analogie que nous voulons signaler présentement entre la tapisserie dite « de Valenciennes » et notre suite est d'un ordre différent. Elle porte sur ces lettres nombreuses dont on ne connaît pas le sens et que M. Guiffrey pense être des motifs décoratifs.

On trouve en effet sur le caparaçon renaissance d'un des chevaux du « Tournoi » environ trente-cinq lettres, dont plusieurs sont absolument pareilles à celles que l'on relève dans la suite de *Susanne*, à différents endroits, notamment sur les vêtements du compagnon de Joachim et surtout sur le carrelage de la salle où Daniel rend son verdict. Ces caractères sont à peu près en nombre égal dans les deux tentures et sont placés de même ou dans un des coins, assez dissimulés, ou sur le bas des sujets. Ne doit-on voir dans lesdites lettres, comme l'insinue l'éminent auteur de la notice, qu'une pure décoration? Nous ne le pensons pas. En effet, comment expliquer que sur les carreaux de la salle où Daniel rend son verdict, elles soient placées absolument inégalement, et que sur les carreaux où il n'en a pas été mis, on trouve des rosaces? Les motifs décoratifs manquaient-ils à ce point aux compositeurs de la Renaissance pour qu'ils assemblassent des lettres par endroits au hasard? Une telle coïncidence de caractères semblables ou à peu près, dans deux tapisseries de même époque, ne pourrait-elle pas ouvrir une autre hypothèse? Ne peut-on les prendre plutôt pour des monogrammes de hauts lisseurs appelés à achever d'aussi beaux ouvrages et fiers à juste titre d'y placer leur marque? Ne serait-ce pas la signature des membres d'une même corporation? Cette supposition, qui satisfait mieux l'esprit, a pour elle une vraisemblance confirmée par l'usage qu'ont fait du monogramme un nombre considérable d'artistes à toute époque, et par la raison qu'une tenture d'importance était l'ouvrage non pas d'un, mais bien de plusieurs tapissiers.

Espérant aider de notre côté à la découverte des armoiries, nous sommes allé faire une première enquête à Champien, dans la persuasion que là était le siége naturel et historique des tapisseries. Nous avions cru avec tout le monde que l'*Histoire de Susanne* avait été un des joyaux provenant de la famille des Hautefort. Mais nous fûmes vite détrompé. Au lieu d'un castel gothique à fenêtres ogivales et à tourelles de forteresse, nous découvrîmes le château fin Louis XIV dont nous avons parlé, avec des armoiries et une devise entièrement différentes des nôtres. — Ayant perdu cette première piste, nous crûmes un instant que l'*Histoire de Susanne* avait été l'apanage de quelque autre grande famille de la même région. Il y avait eu dans ces parages des seigneurs du nom de Suzanne : un certain Robert de Suzanne, seigneur de Montjeu, vivait en 1426 avec Marguerite de Sorbon, sa femme. Un instant nous tournâmes aussi nos investigations vers le château de Suzanne, situé à Suzanne, canton de Bray (Somme), et dont le savant M. Coët, l'historien du pays, nous indiquait l'ancienneté. Quoi d'étonnant en effet à ce que les murailles de l'ancien manoir de Susanne, qui fut démoli en 1619 pour faire place au château rebâti alors par Louis d'Estourmel, fussent décorées de tapisseries représentant les scènes de la vie de sainte Susanne! En outre, les d'Estourmel, qui en sont propriétaires, n'avaient-ils pas eu jadis une alliance avec les Hautefort? Leurs armoiries présentaient en supports *deux levrettes au naturel*. Mais nous ne tardâmes pas à être tout aussi déçu de ce côté.

Malgré ce manque de conclusion, nous dûmes à ces quelques recherches dans le département de la Somme des moments de véritable jouissance artistique et archéologique, car plus d'un aperçu très-intéressant sur la vie de ces provinces et leur rôle avant la Révolution ne s'était pas découvert à nos yeux jusque-là avec autant de lumière. Enfin, une lettre récente de M. le comte de Damas, neveu du comte d'Hautefort et l'un de ses héritiers, coupant court à nos tergiversations, nous remettait sur la véritable voie d'origine en nous indiquant que l'*Histoire de Susanne* avait été trouvée et acquise en Bourgogne.

PAUL MARMOTTAN.

LA TAPISSERIE

LA CHASTE SUSANNE

A tenture de la *Chaste Susanne,* appartenant à M. Paul Marmottan, se compose de cinq pièces formant huit tableaux.

La première pièce est divisée en trois sujets, la deuxième en deux scènes; les trois autres ne contiennent chacune qu'un tableau.

Pour procéder méthodiquement, nous commencerons par placer en face de la reproduction photogravée des tapisseries une description aussi précise que possible. Nous examinerons ensuite les questions d'origine, de date, d'armoiries; nous signalerons enfin les suites qui présentent avec celle-ci quelques analogies.

PREMIÈRE PIÈCE

Cette pièce est divisée, on l'a dit plus haut, en trois parties inégales. C'est certainement le premier panneau de la suite, ainsi que l'indique la légende placée au début.

Premier sujet. — Un personnage d'un certaine corpulence est assis dans une chaire à dossier, décorée sur les flancs de linges enroulés. Il porte un ample manteau rouge sur un vêtement verdâtre doublé de jaune, fermé au cou par une sorte d'épingle ronde à pierre bleue; sa tête est couverte d'une calotte ronde. De la main gauche, posée sur les genoux, il tient un papier plié; sa main droite, tendue en avant, semble montrer le livre ouvert devant lui sur un pupitre; on distingue sur les pages du livre des caractères tracés en noir, mais illisibles.

Au fond de la pièce, entre deux fenêtres étroites, à grillage en losange, est pendu au mur, dans un cadre rond, le portrait d'un homme âgé, où il est difficile de reconnaître les traits du personnage assis devant le pupitre. À côté de la fenêtre, le mur du fond est décoré d'un dessin à grands ramages verts sur fond jaune. Le pupitre est posé sur un meuble placé dans l'angle de la chambre; il porte un livre à fermoir. Deux autres volumes gisent à terre, en avant du fauteuil.

Que signifie ce personnage dont le costume offre quelque ressemblance avec un vêtement religieux? Évidemment, il ne tient que très-indirectement au sujet de la tapisserie. On peut citer un autre exemple de cette disposition dans les grandes pièces de l'*Apocalypse* d'Angers, où une grande figure, assise sous un dais gothique, semble lire, sur un livre ouvert devant elle, le récit des scènes qui se déroulent dans les deux frises horizontales. Peut-être faut-il placer dans la bouche de ce personnage anonyme l'espèce d'avertissement ou de moralité en huit vers gothiques écrits sur une large banderole au haut du tableau. Voici ces vers :

> *Seigneurs qui voyez ceste histoire*
> *De Susanne la belle et bonne,*
> *Retenez en vostre mémoire*
> *Que Dieu ses serviteurs guerdonne*
> *Et jamais ne les habandonne.*
> *Mais ceulx qui quierent trahison,*
> *En la fin doel les environne,*
> *Comme droict le voelt et raison.*

Deuxième sujet. — Immédiatement après la colonne qui sépare la première scène de la suivante, commence l'histoire de Susanne. On entre de plain-pied en matière, comme l'indique le quatrain placé au-dessus des personnages :

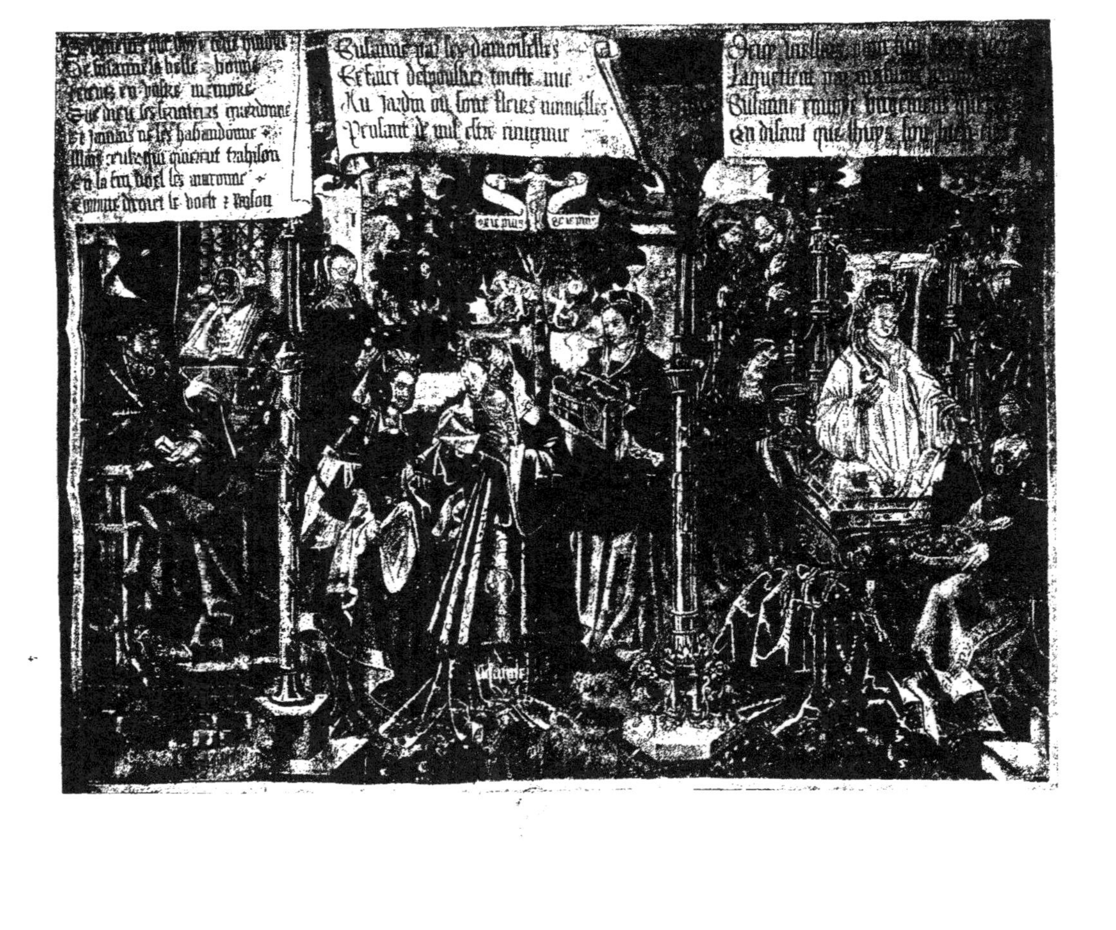
... nous sire que doy e teu pitie
De susanne la belle bonne
... en bone memoire
... dieu les senateurs guerdonne
Et jamais ne les habandonne
Mais ceulx qui querent trahison
En la fin doit les couronne
Comme dirout le doit e raison

Susanne va les damoiselles
Et fault despoullier toutte nue
Au jardin ou sont fleurs nouvelles
Voulant de nul estre congnue

... nulle ...
Laquelle ...
Susanne ... vuegement ...
en disant que huys soy ...

Susanne par ses damoiselles
Se faict despouillier toutte nue
Au jardin où sont fleurs nouvelles,
Pensant de nul estre congnue.

Le poëte va un peu plus vite que le peintre. En effet, Susanne, debout sur le premier plan du tableau, commence à peine à ôter la première manche d'un manteau jaunâtre, garni d'un effilé par le bas, recouvrant une robe bleu foncé. Pas d'erreur possible ; le nom de la dame, *Susanne,* est écrit en lettres gothiques sur le bas de la jupe. Elle porte une coiffure formée d'un gros bourrelet ou atour, entouré d'une étoffe retombant par derrière, avec deux pattes arrondies sur les oreilles. Notons que cette coiffure ne quitte pas la tête de la baigneuse dans les tableaux suivants. Trois servantes en robes de couleurs différentes, l'une jaune, l'autre verte, la dernière rouge, s'empressent autour de Susanne. La première, à sa droite, reçoit le vêtement qu'elle va quitter. Une autre, à gauche, sur un plan un peu plus reculé, lève le couvercle arrondi d'un coffret d'où s'échappe une chaîne ou un collier. Ces deux suivantes sont coiffées d'un atour ou turban identique avec celui de leur maîtresse. La troisième servante, debout au fond, à gauche du spectateur, tient une fleur. Plus loin, derrière elle, on aperçoit la porte d'une maison et plusieurs toits.

Au milieu, se dresse un arbre en forme de boule, à larges feuilles. Un petit Amour nu, debout dans le feuillage, tient de chaque main une banderole déployée où se lit la légende : *Se je puis.* Au-dessous sont accrochés aux branches deux écussons, probablement celui du seigneur pour qui la tapisserie fut exécutée et celui de sa femme. L'écusson de gauche présente les armoiries du mari : *d'azur à deux lévriers d'or* (ou d'argent?); celui de droite est parti des armes du mari et de celles de la femme, qui semblent pouvoir se lire : *d'azur à la fasce de gueules, chargé d'un croissant d'argent, accompagnée de trois roses d'or.* Nous retrouverons ces écussons sur plusieurs des pièces suivantes.

Troisième sujet. — Ce sujet est séparé du précédent par une mince colonnette de cuivre ou de bronze, portée sur deux lions et surmontée d'un personnage à longue robe. Des arceaux élégants, en métal, se détachent de ce pilier, ainsi que de ceux qui encadrent les autres tableaux.

Susanne est au bain, c'est-à-dire qu'elle est debout, ayant le bas du corps dans une sorte de cuve hexagonale, portée sur un pied unique et surmontée d'un toit ou dais en fer élégamment ouvragé d'où l'eau s'échappe par deux tuyaux. Cette piscine, arrondie en dessous comme une cuve baptismale, ne saurait contenir la partie du corps qu'on ne voit pas. Susanne a conservé sa coiffure. Ses vêtements sont remplacés par un ample peignoir flottant, à larges manches, montant jusqu'au cou. La baigneuse tient une fleur rouge de la main droite ; elle tend l'autre main vers une corbeille de fruits que lui présente une des suivantes. Ses yeux sont modestement baissés. Sur le rebord de la vasque se lit le nom de *Susanne*; sur l'eau nagent trois roses.

Cinq autres personnages prennent part à cette scène : trois servantes et les deux vieillards. A droite de la piscine, une des suivantes tient des deux mains un grand vase à pied, en forme de ciboire, qu'elle présente à la baigneuse. Derrière elle, au fond, apparaissent les deux vieillards, vus seulement de buste ; ils se montrent Susanne. De l'autre côté de la vasque est assise une autre servante tenant sur ses genoux un plat rempli de fruits, vers lesquels sa maîtresse étend la main. On voit sur la bordure de sa robe des caractères peu distincts et n'offrant d'ailleurs pas de sens; on lit cependant les lettres E. H. Derrière cette porteuse de fruits, la troisième servante apparaît à mi-corps, au fond, se dirigeant vers la droite.

Sur le devant de la composition, au premier plan, la robe de la baigneuse est jetée sur un banc ; sur la robe, un collier de perles.

Voici le texte de la légende explicative :

Deux vieillars pour luy faire guerre
La guettent par malvais propos.
Susanne envoye ung enfens querre
En disant que l'huys soit bien clos.

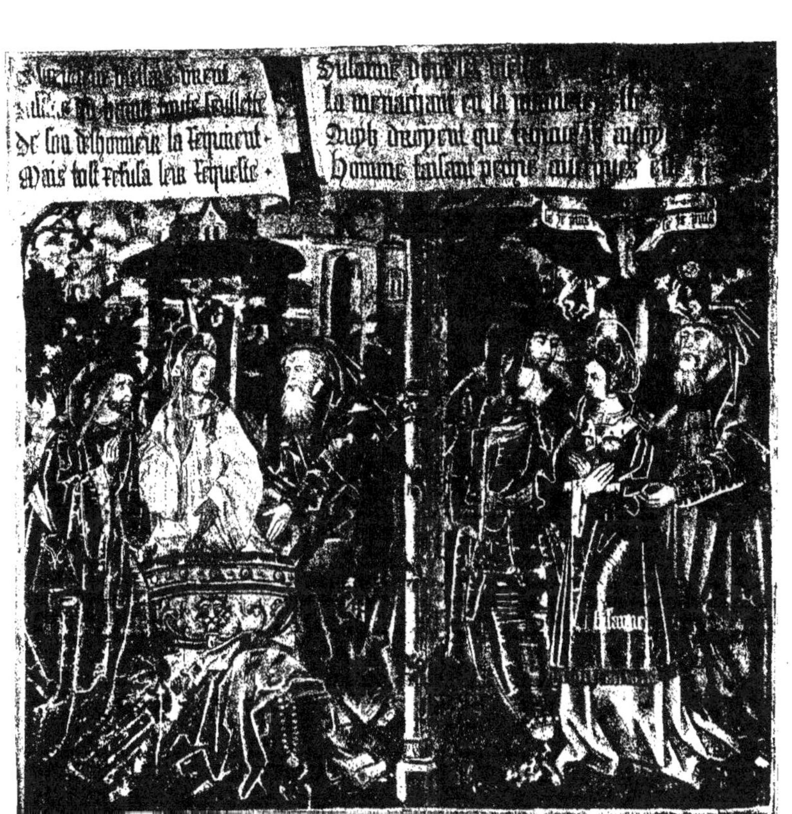

... toute feuillette
De son déshonneur la requirent
Mais tost refusa leur requeste

Susanne doncques ...
la mengarjant en la manière ...
... disoyent que ...
Homme faisant péché ...

DEUXIÈME PIÈCE

Elle est divisée en deux parties, que sépare une colonnette de métal surmontée de légers arceaux à jour fleuronnés.

Quatrième sujet. — Toujours vêtue et coiffée comme dans les scènes précédentes, mais la tête couronnée d'un nimbe, Susanne est surprise par les vieillards. Elle lève la main droite en baissant l'autre par un geste de pudeur. La décoration inférieure de la vasque est sensiblement différente de celle du précédent sujet. Un robinet placé sur le devant laisse échapper l'eau. Les vêtements de la baigneuse ont passé de gauche à droite. À côté d'eux gît à terre un coffret fermé, garni de fer, à couvercle arrondi, celui sans doute du deuxième tableau.

Au fond, à gauche, derrière un arbre, on aperçoit le buste de deux des servantes; elles semblent se retirer. À droite, s'ouvre la porte de la maison de Susanne, qu'on distinguait à peine sur le tableau précédent.

Les deux vieillards sont de chaque côté du bassin, tendant les mains vers Susanne. Celui de gauche, à barbe courte, la tête couverte d'un chaperon rouge, est vêtu d'un riche manteau bleu sur lequel se détache une belle aumônière rouge. L'autre vieillard, habillé d'un manteau rouge sur une robe bleue, porte une longue barbe blanche qu'il conservera dans les tableaux suivants, tandis que son compagnon se présentera par la suite complétement imberbe et paraîtra plus jeune que sur le sujet actuel.

La scène est décrite dans le quatrain suivant :

> *Les luxurieux viellars virent*
> *Susanne au baing toute seullette,*
> *De son deshonneur la requirent ;*
> *Mais tost refusa leur requeste.*

Cinquième sujet. — Toujours nimbée, mais vêtue d'une robe jaune à riches dessins, recouvrant une jupe blanche brodée de rouge, Susanne s'avance vers la gauche, les deux mains croisées sur la poitrine; elle se dirige du coté de la porte de sa maison, ouverte dans le fond. Le mot *Susanne* se lit sur sa jupe.

Les deux vieillards l'accompagnent. L'un, à sa gauche et un peu en arrière, veut lui saisir le bras. Il porte une longue barbe blanche, comme sur la composition précédente. L'autre, à la droite de Susanne, paraît beaucoup plus jeune que sur le quatrième tableau. Il est maintenant imberbe et tient la main droite sur son cœur.

Dans le fond, se retrouve l'arbre du deuxième tableau avec l'enfant portant à chaque main la légende *Se je puis,* et au-dessous les deux écussons dont les armoiries sont décrites ci-dessus. Cette fois, le poëte a changé le mètre de son quatrain. Les vers octosyllabes sont remplacés par des vers de dix pieds. C'est le seul cas où cette mesure ait été employée.

> *Susanne dont les viellars requeroyent*
> *La menachant en la maniere telle*
> *Qu'ylz diroyent que trouvé ilz avoyent*
> *Homme faisant pechié avecques elle.*

TROISIEME PIECE

Sixième sujet. — Accusée par les vieillards, Susanne tout éplorée s'avance pour être jugée, escortée de plusieurs personnages, dont les traits expriment divers sentiments. En tête du cortége marche Joachim, mari de Susanne. Les bras croisés, tournant légèrement la tête vers celle qu'il suppose coupable, il a un riche vêtement fendu sur le côté, entouré de larges galons, sur lequel son nom est inscrit en lettres noires. A côté de lui se tient un autre individu, un bâton à la main. Entre eux, un lévrier blanc rappelle la principale pièce des armoiries du propriétaire de la tapisserie. Derrière Joachim, deux enfants, tête nue, les mains jointes, montrent sur leur figure l'expression d'une profonde compassion.

Puis vient Susanne, entre deux hommes; elle porte son mouchoir à ses yeux. Le nimbe qui couronnait sa tête dans les scènes précédentes a disparu. Sa coiffure est changée. Elle a maintenant la coiffe d'une forme si parti-

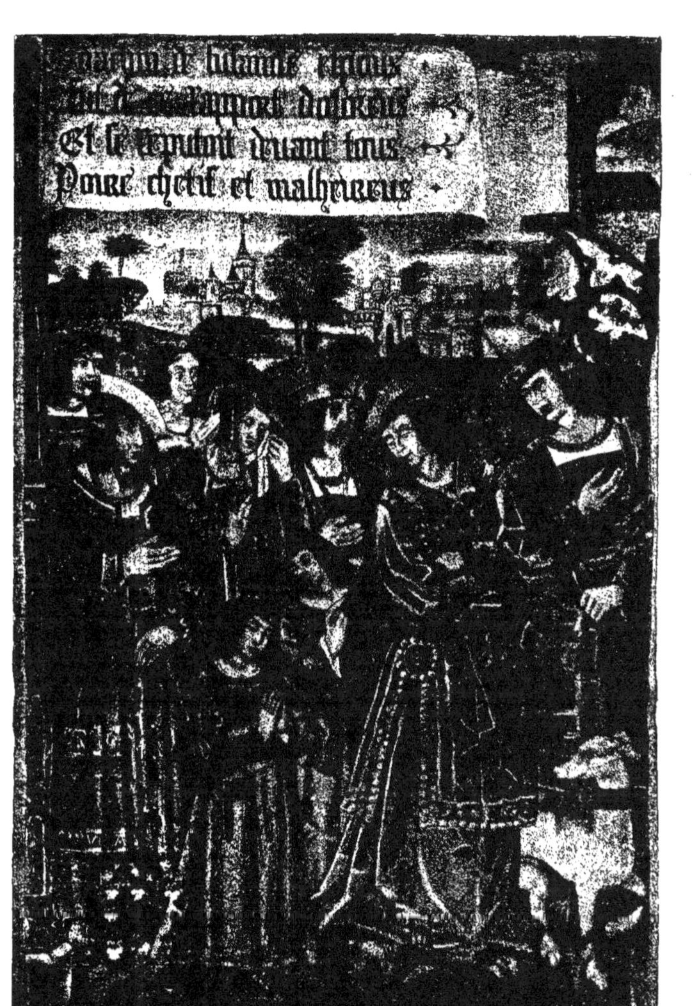

[...]on a bilanie rigour
[...]la mort dolbreus
Et se repictoit deuant tous
Poure chetif et malhereus

culière qu'on voit aux portraits d'Anne de Bretagne. Sur la houppelande courte du personnage qui occupe le premier plan à gauche, deux galons superposés présentent des lettres n'ayant ici qu'un rôle purement décoratif. On distingue, sur la bande supérieure, les caractères VANON RI, sur l'autre : MRVNA. D.

Le vêtement du compagnon de Joachim est aussi orné de lettres. On lit sur le parement : T A O T-N O A. Derrière le groupe principal se montrent trois têtes, deux têtes d'hommes et une de femme, sans doute une suivante de Susanne ; celle-ci a une coiffure identique avec celle de sa maîtresse.

Dans le fond, se dressent, au milieu d'un riant paysage, les toits pointus de plusieurs tours à côté d'autres tours basses.

En haut, le quatrain suivant :

> *Joachin de Susanne espous*
> *Fut de ce rapport doloreus,*
> *Et se reputoit devant tous*
> *Povre, chetif et malheureus.*

QUATRIÉME PIÈCE

Septième sujet. — Peut-être manque-t-il ici un tableau représentant le jugement de Susanne et l'intervention de Daniel. En effet, nous voyons maintenant Daniel assis sur un siége élevé, rendant son verdict après avoir convaincu les vieillards de fraude et de calomnie, comme le constatent les vers suivants :

> *Il trouva ses accusateurs*
> *Deceptis viellars ayans tort,*
> *Les comdempna devant pluiseurs,*
> *Et Susanne ga[r]da de mort.*

Au fond de la salle, Daniel, vêtu d'une robe jaune recouverte d'une sorte de camail rouge bordé de fourrure blanche, la tête nimbée, est entouré de cinq personnages, dont on ne voit que le buste et la face; il étend la main droite vers les coupables, qui se tiennent debout devant lui, les poignets attachés par une corde, et surveillés par un garde armé d'une sorte de cimeterre pendu à sa ceinture par deux chaînettes. Ce soldat tient de la main gauche un long bâton, probablement symbole de son office. L'un des vieillards porte de longs cheveux et une barbe blanche, tandis que l'autre, imberbe, a les cheveux courts. A gauche, un personnage, enveloppé d'un ample manteau, est coiffé d'un bonnet à pointe rejetée en arrière.

Le carrelage de la salle porte, en guise d'ornements, différents caractères dont la réunion ne semble pas former de mots et ne présente aucun sens. On lit les lettres R T S E N I O P E R H. D'autres carreaux sont ornés de rosaces.

Les deux figures accroupies à la base de l'arbre qui sépare ce tableau du suivant, offrent un type singulier. En haut de cet arbre est juché l'enfant tenant la double devise ; au-dessous de lui, les deux écussons déjà décrits ; l'un se trouve sur le septième panneau, l'autre sur le suivant. Ils sont à peine distincts sur la gravure donnée ici.

CINQUIEME PIECE

Huitième sujet. — Les vieillards, convaincus de fausse accusation, sont conduits au supplice. Ils s'avancent vers la droite, les mains liées, la tête couverte du chaperon, suivis d'un groupe d'hommes d'armes à cheval ou à pied, au milieu desquels on distingue un juge à longue barbe, monté sur un cheval gris et tenant à la main une baguette. Derrière lui, les têtes ou les bustes de six gardes armés de lances se détachent sur un fond de paysage. Ce groupe paraît sortir de la porte de la ville, dont on aperçoit le pilier en avant à gauche. Au fond, apparaissent des tours crénelées. Au premier plan, deux soldats armés de lances. Le premier est un nègre vêtu d'un pourpoint rouge de forme bizarre, avec haut-de-chausses bleu. L'autre, en cuirasse, tient la corde qui attache les mains du condamné à barbe blanche; il est chaussé de larges bottes molles. Sur la bordure de son

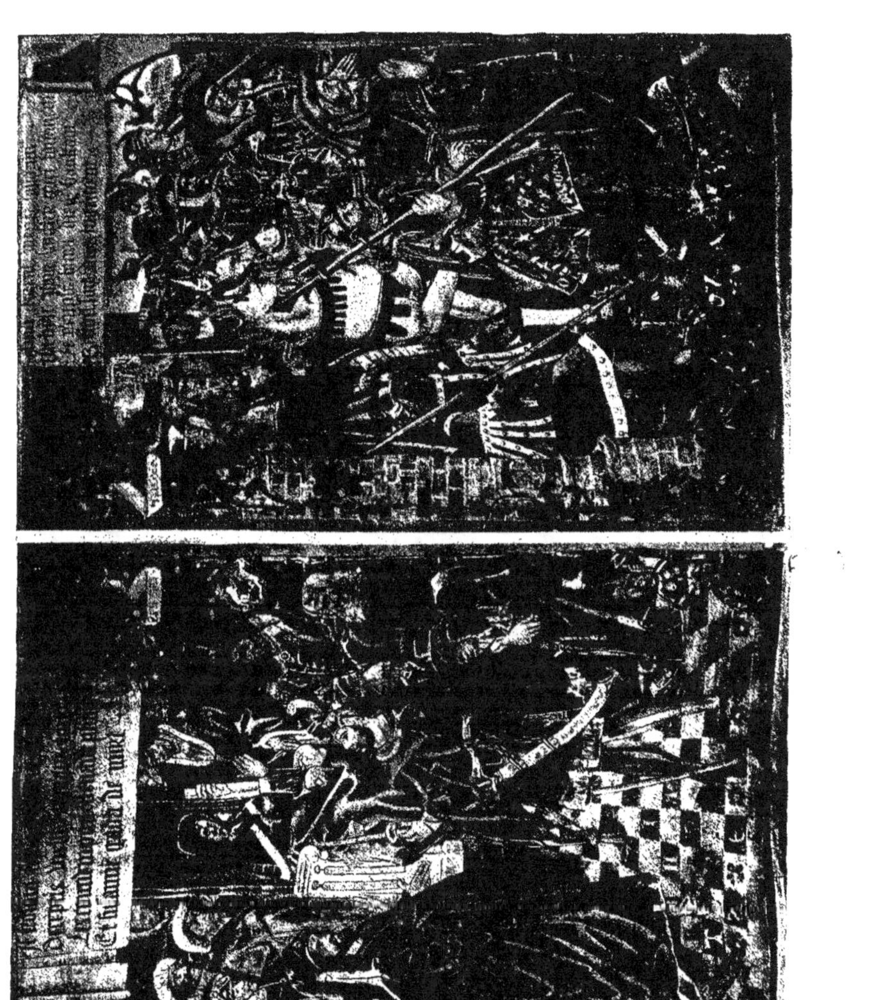

vêtement se lisent différentes lettres sans signification où l'on distingue les
caractères I O A N E O I - N R H O I V. Un petit chien court entre les
jambes de ces soldats.

Le quatrain suivant se lit en haut du tableau :

> *Ainsi furent menez soudain*
> *Au lieu pour souffrir grief tourment.*
> *Le peuple loant Dieu haultain,*
> *S'esjoissait du jugement.*

Dans une première étude sur cet intéressant monument de l'art
textile, nous avons signalé les analogies frappantes existant entre la
tenture de M. Marmottan et l'*Histoire de Susanne* peinte sur toile, longtemps conservée à l'Hôtel-Dieu de Reims, aujourd'hui exposée dans les
salles de l'Hôtel de ville. Si la disposition des scènes n'est pas identique
sur l'une et l'autre série, par contre, les mêmes quatrains explicatifs ont été
employés par le tapissier et le peintre. D'où il résulte, d'une part, que le
tapissier n'a pas copié les toiles peintes de Reims; d'autre part, que tous
deux ont emprunté leurs légendes à un auteur commun. Faut-il conclure
de cette singulière coïncidence qu'il existait jadis des recueils de poésies
destinées à servir d'inscriptions aux tapisseries, comme les vers bien
connus de maître Henri Baude, publiés par Jules Quicherat? L'hypothèse
n'a rien de choquant; elle semblerait confirmée par l'identité des quatrains
inscrits sur les toiles de Reims et répétés sur les tapisseries; mais, pour
conclure définitivement à l'existence d'anciens recueils composés spécialement pour les tapissiers, il faudrait en retrouver au moins un, et cette
preuve décisive manque encore.

Si charmants que soient les vers de maître Henri Baude, si bien appro-
priés qu'ils paraissent à leur destination, nous devons convenir que nous
ne les avons jamais vus reproduits et utilisés sur une tenture.

Malgré les pertes subies par la série des toiles peintes, et bien qu'il ne
reste plus que quatre panneaux des sept ou huit dont l'existence a été

constatée il n'y a pas bien longtemps, ces sujets vont nous permettre de combler les lacunes qu'on peut signaler dans la suite des tapisseries. Sur ces dernières, les scènes se suivent sans interruption jusqu'au sixième sujet. Mais, avant le *Jugement de Daniel* (septième sujet), on aurait dû voir Susanne traduite devant les juges qui avaient voulu la séduire, et condamnée par eux. Cette scène est, en effet, représentée sur une des quatre toiles peintes de Reims, avec cette légende :

> *Les deux viellars qui l'accuserent*
> *Furent ceux dont par jugement*
> *Susanne à la mort condanerent,*
> *Mais Dieu pria dévotement.*

La toile suivante montre le *Jugement de Daniel* autrement disposé que sur la tapisserie, mais avec les mêmes légendes. Enfin, la dernière toile clôt la série par le supplice des calomniateurs, avec cette explication contenant la moralité du drame :

> *Les deux viellars outrecuidés*
> *Eurent pugnicion tres ample,*
> *Furent occis et lapidés.*
> *Juges, notez bien cet exemple.*

Le quatrième épisode des toiles de Reims représente la scène de séduction (quatrième sujet des tapisseries).

De ce qu'il manque aux tapisseries deux scènes figurées sur les toiles, on ne saurait conclure que ces deux compositions aient existé en tapisserie. Suivant le caprice du client ou la destination de l'ouvrage, le tapissier ajoutait ou retranchait des panneaux, prenant les plus grandes libertés avec ses modèles. Ainsi, pour une suite célèbre dont nous nous sommes particulièrement occupé, celle de *Gombaut et Macée,* nous avons constaté que, de huit sujets, il en manquait toujours un au moins aux séries les plus complètes. L'omission est évidemment voulue et s'explique de la façon la plus simple. L'amateur, qui prenait plaisir aux ébats des paysans et aux gauloiseries des jeux rustiques, ne se souciait guère d'avoir sous les yeux un tableau montrant la Mort, sous forme d'un horrible squelette, fauchant les malheureux paysans devenus vieux et infirmes.

Sans doute, le riche seigneur pour qui a été exécutée la tapisserie de *Susanne* n'était pas arrêté par de semblables considérations. De plus, l'histoire de la chaste épouse ne se comprend guère si l'on retranche l'épisode des juges condamnant celle qu'ils voulaient corrompre. Nous serions donc assez porté à croire qu'il a existé autrefois un panneau de tapisserie, aujourd'hui disparu, entre la sixième et la septième scène, et que la série se terminait par le spectacle du supplice des vieillards. L'état actuel des dernières pièces confirmerait assez cette conjecture. En effet, les deux premières tapisseries contiennent, l'une trois, l'autre deux sujets, tandis que chacune des trois dernières ne présente qu'une scène unique.

Comme la tenture de M. Marmottan est fixée au mur et encadrée, il est difficile d'examiner les bords de ces derniers panneaux et de vérifier s'ils ont été l'objet de quelque remaniement.

Quand bien même cette suite ne nous serait pas parvenue tout à fait intacte, quand même elle aurait perdu les deux scènes dont nous devons la connaissance aux toiles de Reims, elle n'en resterait pas moins un très-précieux spécimen de l'art de la tapisserie à une des plus brillantes époques de son histoire. En effet, elle date évidemment, tout l'indique, le dessin des figures comme le costume, des premières années du seizième siècle, du règne de Louis XII. C'est à dessein que nous la rapprochons du règne de Louis XII, car, pour nous, l'origine française de cette tapisserie ne fait pas de doute. Et ce n'est pas seulement la langue des légendes qui nous inspire cette conviction; le caractère des têtes, les détails du costume, l'encadrement des sujets, cette figure isolée au commencement de la tenture, enfin les armoiries et la devise trois fois répétées nous confirment dans notre opinion sur la date et sur l'origine bien française de cette histoire. Sans doute, il serait impossible de fournir une preuve formelle, décisive. Quand on n'a pas d'inscription ou de texte à invoquer, ces questions de provenance pour le commencement du seizième siècle sont des plus embarrassantes. Si l'on veut bien admettre que l'étude et l'habitude donnent une certaine compétence en ces matières, on consentira peut-être à s'en rapporter à une opinion basée sur un examen attentif et sur de menus détails bien difficiles à analyser et à discuter. En pareil cas, le tact peut, jusqu'à un certain degré, ce nous semble, suppléer à un texte positif.

A part les qualités de style dont les planches jointes à cette étude donnent une idée suffisante, l'*Histoire de Susanne* se recommande encore par l'état de sa conservation. Les colorations, dont le bleu et le rose vif constituent la note dominante, ont conservé un éclat, une intensité qui prouveraient que nos vieux teinturiers avaient des secrets inconnus à leurs successeurs. D'ailleurs, les couleurs franches comme le bleu et le rose résistent mieux que toute autre aux influences délétères de la lumière, de l'air et de la poussière.

A part les toiles peintes de Reims signalées plus haut, nous connaissons, par d'anciens inventaires, différentes tentures sur lesquelles se trouvaient retracés les épisodes de l'histoire de Susanne. La plus curieuse de ces mentions est à coup sûr celle qu'a notée M. Leroux de Lincy dans sa *Vie de la reine Anne de Bretagne* [1], et qu'il a relevée dans un inventaire du 16 août 1495. En voici les termes : « Ung accoustrement de la saincte Susanne contenant cinq pièces, et oultre, trois goutiers pour le ciel. » On observera que la tenture de la reine de Bretagne compte le même nombre de panneaux que celle de M. Marmottan, coïncidence digne d'être relevée. Si l'on fait de plus attention à cette étrange désignation de *saincte Susanne*, et si on la rapproche du détail particulier que nous avons signalé, je veux dire le nimbe qui surmonte la tête de l'épouse fidèle sur plusieurs tableaux, on conviendra que la tapisserie de la reine Anne et celle à laquelle ces pages sont consacrées présentent des points frappants

[1] Paris, L. Curmer, 1860, in-8, tome IV, p. 82.

d'analogie. Il serait téméraire de s'engager plus avant dans la voie des hypothèses. Peut-être un jour quelque article de compte, négligé ou inconnu jusqu'ici, viendra-t-il compléter les premières révélations dues à M. Leroux de Lincy et permettra-t-il de reconnaitre dans notre *Histoire de Susanne* la tapisserie inventoriée en 1495. Mais alors comment expliquer les armoiries ?

Pour ne rien omettre de ce qui se rapporte au sujet qui nous occupe, nous rappellerons qu'une tapisserie de Susanne figure sur un inventaire des biens de la maison de Gonzague dressé en 1668, et que M. Barbier de Montault, dans son *Inventaire des tapisseries de Rome,* signale une tapisserie de la chaste Susanne, attribuée à la manufacture des Gobelins, actuellement conservée dans la ville pontificale. En effet, vers la fin du dix-septième siècle, l'atelier de haute lisse de Jans a copié plusieurs fois un sujet représentant le jugement de l'épouse fidèle et appartenant à une série de scènes de l'Ancien Testament. Une de ces répétitions est conservée au Mobilier national, à Paris, et se trouvait exposée naguère au palais des Champs-Élysées.

Il nous reste un problème à aborder, et ce n'est pas le moins obscur. Nos tapisseries portent des armoiries et une devise plusieurs fois répétées. Elles ont donc été exécutées sur commande, pour le château de quelque riche seigneur. Sur la foi d'un renseignement erroné, nous avions précédemment admis que l'*Histoire de Susanne* avait décoré pendant plusieurs siècles et jusqu'à ces dernières années le château de Chaulnes, en Picardie. Heureusement, nous avions laissé une porte ouverte au doute, et bien nous en a pris. En effet, grâce à des recherches poursuivies sur place, et à une instruction rigoureusement menée, M. Marmottan est parvenu à retrouver un fil conducteur qui permettra peut-être un jour à quelque chercheur favorisé par le hasard de remonter plus haut dans les siècles passés, et d'arriver jusqu'au premier propriétaire qui a laissé sur la tapisserie la marque indélébile de son origine.

Si l'on arrivait à déterminer la famille qui avait pour devise *Se je *puis* et qui portait deux levrettes affrontées dans ses armes, le problème serait résolu.

Le *Dictionnaire des devises,* de **MM. A.** Chassant et **H.** Tausin, signale plusieurs seigneurs ayant adopté la devise *Se je puis :* d'abord les deux maisons bretonnes des David et des Rostrenen, puis celle de La Vernée; enfin trois dynasties écossaises ou anglaises, les Livingston, qui ont vécu en Écosse et en France, les comtes de Newburgh, en Écosse, et les barons de Colguboum, d'Angleterre; dans toute cette liste ne se rencontre pas un seul nom bourguignon.

Même difficulté au sujet des armoiries. Un certain nombre de familles ont eu un, deux, trois lévriers dans leur écusson; mais nous n'en trouvons pas une seule dans la *Vraye et parfaicte science des armoiries,* de Geliot, dont le blason réponde exactement au dessin tracé sur nos tapisseries. Il en est de même de l'écusson féminin. De plus versés que nous en ces matières n'ont pu aboutir à un résultat satisfaisant. Il faut donc attendre maintenant du hasard seul la révélation du nom du propriétaire de nos armoiries.

Comme on ne doit toutefois rien négliger de ce qui pourrait mettre un chercheur sur la trace d'une découverte, nous signalerons rapidement les familles dont les armoiries se rapprochent le plus de celles de l'*Histoire de la chaste Susanne.*

D'après le *Dictionnaire héraldique* de la collection Migne, voici les seigneurs dont l'écu présentait deux lévriers :

Les La Roque d'Azinière, famille auvergnate, portaient : *d'azur à deux lévriers affrontés d'argent, colletés et bouclés de gueules; au chef d'argent chargé de deux roses de sable.*

Le Blanc (comtat Venaissin), *aux 1 et 4 d'azur à deux levrettes affrontées d'argent, colletées et bouclées de gueules.*

Jonac (Vivarais), *de gueules, à deux levrettes affrontées d'argent, accolées de sable, clouées d'or.*

Ce sont les seuls blasons dont les pièces se rapprochent sensiblement par leur nombre et leur disposition de celles de nos tapisseries. Les écussons ne comptant qu'un seul lévrier abondent; d'autres en ont trois; d'autres enfin présentent deux lévriers l'un sur l'autre, courant ou passant, mais non accolés.

L'énigme reste, on le voit, sans solution satisfaisante. La devise ne s'accorde guère avec les indications fournies par les armoiries. Impossible donc de rien affirmer sur les origines de la *Tapisserie de la chaste Susanne*.

JULES GUIFFREY.

*Achevé d'imprimer à **Paris**, pour M. **Paul Marmottan**,*
le 15 février 1887.

PARIS. — TYPOGRAPHIE DE E. PLON, NOURRIT ET Cie, RUE GARANCIÈRE, 8.

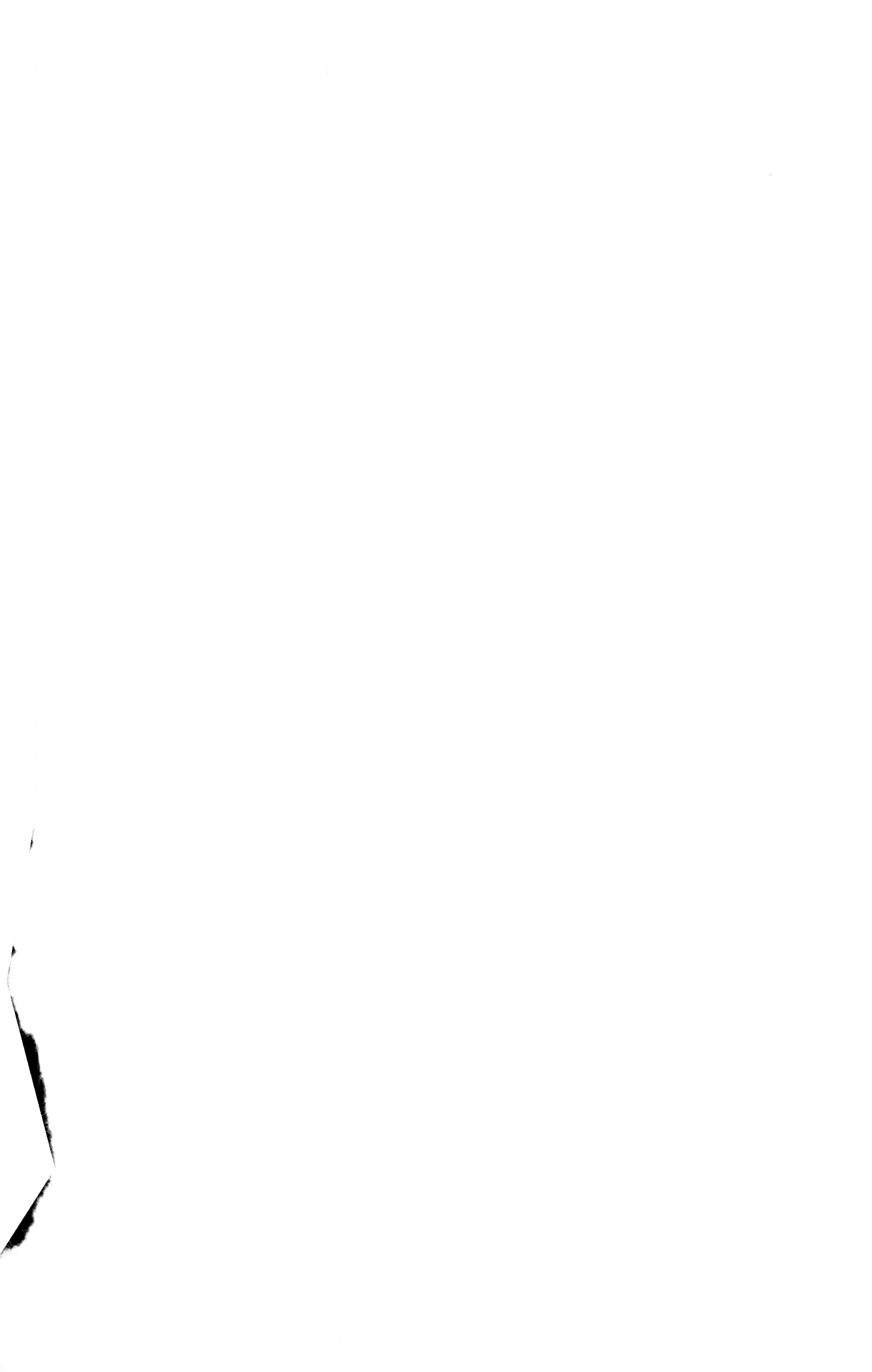